DIESES SUPERHELDENBUCH

GEHÖRT

- - - - - - - - - - - -

(DEIN NAME)

ALIAS

- - - - - - - - - -

(DEIN SUPERHELDENNAME)

LIEBER FINDER

BITTE ZURÜCK AN

- - - - - - - - - -

- - - - - - - - - -

(ADRESSE)

FÜR ARALI, ALFIE, KIT UND JOE!

TITEL DER ORIGINALAUSGABE

THE SUPERBOOK FOR SUPERHEROES

ERSCHIENEN BEI LAURENCE KING PUBLISHING LTD, LONDON 2013
COPYRIGHT © 2013 JASON FORD

DESIGN: JASON GODFREY
www.godfreydesign.co.uk
DEUTSCHE ERSTAUSGABE

COPYRIGHT © 2014
VON DEM KNESEBECK GMBH & CO. VERLAG KG, MÜNCHEN
EIN UNTERNEHMEN DER LA MARTINIÈRE GROUPE
UMSCHLAGGESTALTUNG: JASON FORD
SATZ UND HANDLETTERING: GEORG BEHRINGER
HERSTELLUNG: VERLAGSSERVICE DR. HELMUT NEUBERGER &
                              KARL SCHAUMANN GMBH
ÜBERSETZUNG: INGRID ICKLER

PRINTED IN CHINA
ISBN 978-3-868732-5

www.knesebeck-verlag.de

DAS SUPER BUCH FÜR SUPER-HELDEN

JASON FORD

AUS DEM ENGLISCHEN
VON INGRID ICKLER

KNESEBECK VERLAG

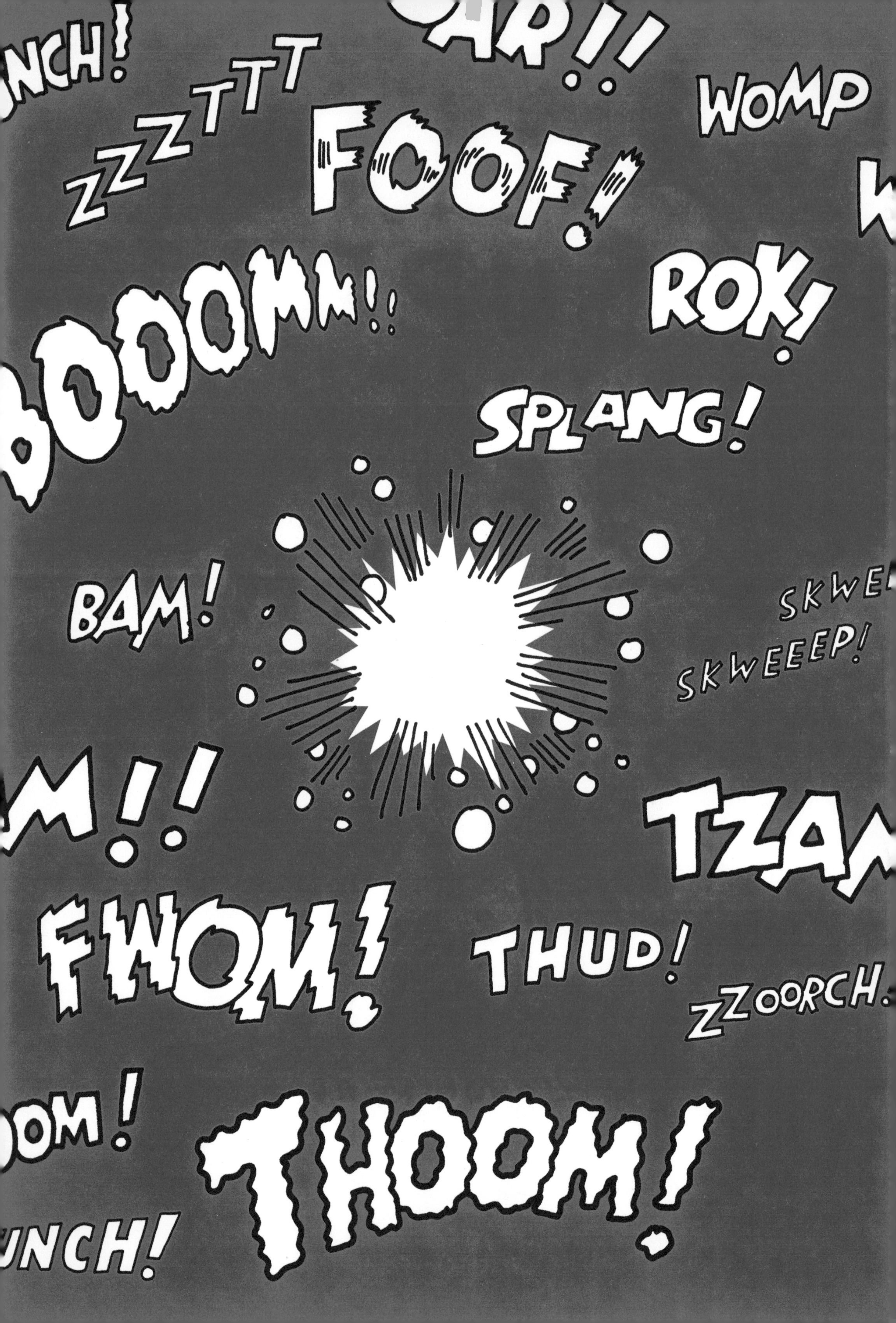
WOMP
FOOF!
ROK!
SPLANG!
BAM!
SKWEEEP!
FWOM!
THUD!
ZZOORCH
THOOM!

DU WILLST ALSO <u>SUPERHELDEN</u> ZEICHNEN,
DIE FLIEGEN KÖNNEN,
UND <u>SUPERBÖSEWICHTE</u> BEKÄMPFEN?

ALLES, WAS DU DAZU BRAUCHST,
SIND EIN PAAR BUNTSTIFTE
UND DEINE EIGENE <u>SUPERKRAFT</u>:

DEINE **FANTASIE!**

WIR ZEICHNEN EINEN SUPERHELDEN

STIRNLOCKE (MUSS ABER NICHT SEIN)

KRÄFTIGE ARME + BEINE

BREITE SCHULTERN

IN SIEBEN EINFACHEN SCHRITTEN ZU DEINEM SUPERHELDEN!

DIE **KLAR-ZUM-GEFECHT-HALTUNG**

DREIECKIG GEFORMTER OBERKÖRPER

SO GEHT'S:

1 FANG MIT DEM KOPF AN

2 JETZT KOMMT DER OBERKÖRPER

3

DIE **FÄUSTE** RECHTS UND LINKS DER HÜFTE

4 DIE ARME DAZU

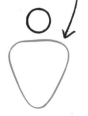

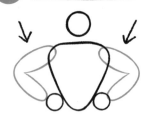

5

6

7

JETZT DIE OBERSCHENKEL

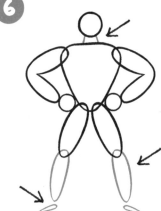

HALS, UNTERSCHENKEL UND FÜSSE

ZUM SCHLUSS DAS GESICHT, DIE HAARE, DER UMHANG DER GÜRTEL, DAS LOGO USW.

HIER IST PLATZ ZUM ÜBEN

WIR ZEICHNEN DAS OUTFIT

EIN SUPERHELD BRAUCHT EIN ECHT COOLES OUTFIT. DIE WICHTIGSTEN KLEIDUNGSSTÜCKE SIND...

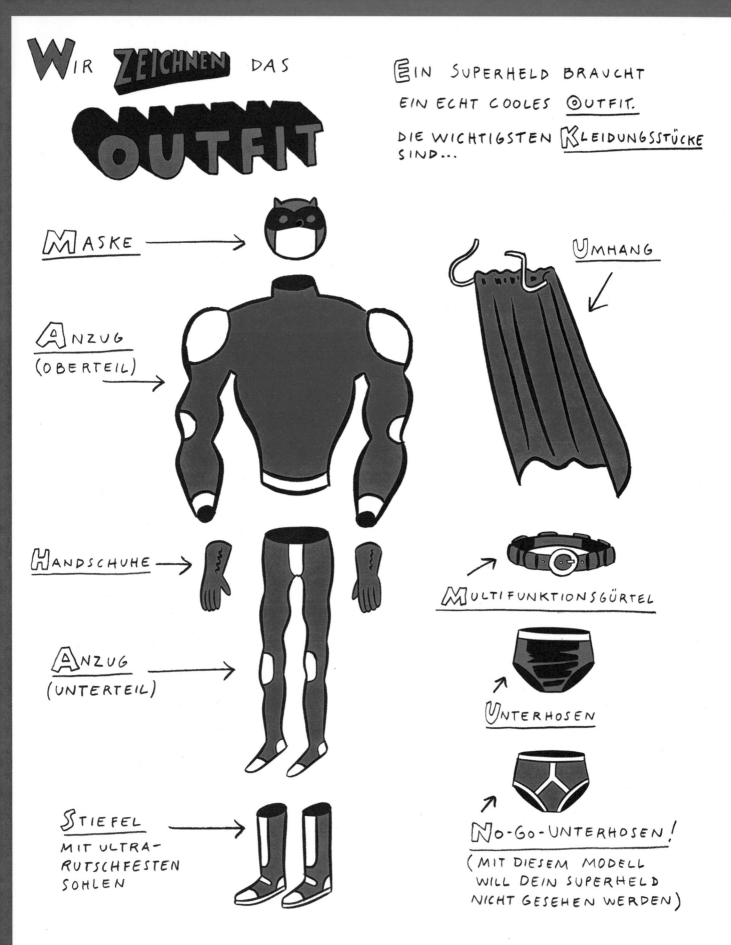

MASKE →

UMHANG

ANZUG (OBERTEIL) →

HANDSCHUHE →

ANZUG (UNTERTEIL) →

MULTIFUNKTIONSGÜRTEL

UNTERHOSEN

STIEFEL MIT ULTRA-RUTSCHFESTEN SOHLEN →

NO-GO-UNTERHOSEN! (MIT DIESEM MODELL WILL DEIN SUPERHELD NICHT GESEHEN WERDEN)

DURCH EIN BESONDERS COOLES OUTFIT WIRD DEIN SUPERHELD ÜBERALL SOFORT ERKANNT, SEINE WAHRE IDENTITÄT BLEIBT ABER VERBORGEN.

UND LOS GEHT'S:

ZEICHNE FÜR DIESE FIGUREN EIN COOLES OUTFIT!

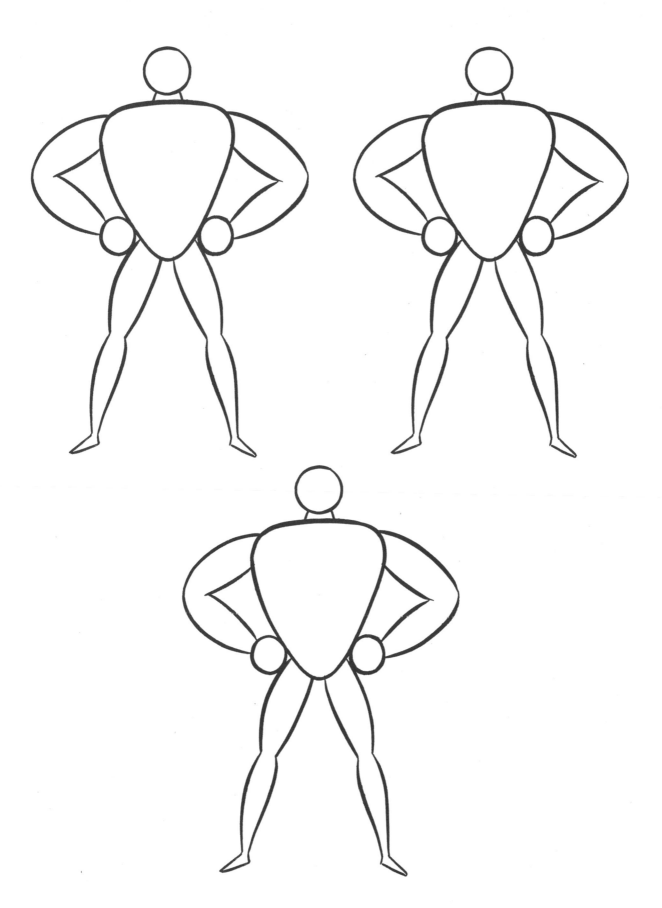

VERWENDE VERSCHIEDENE FARBEN.

FÄUSTE (GLEICH GROSS)

KOPF UND OBERKÖRPER SIND NACH VORNE GEBEUGT

WICHTIG: RECHTER ARM UND LINKES BEIN SIND HINTEN

WICHTIG: LINKER ARM UND RECHTES BEIN SIND VORNE

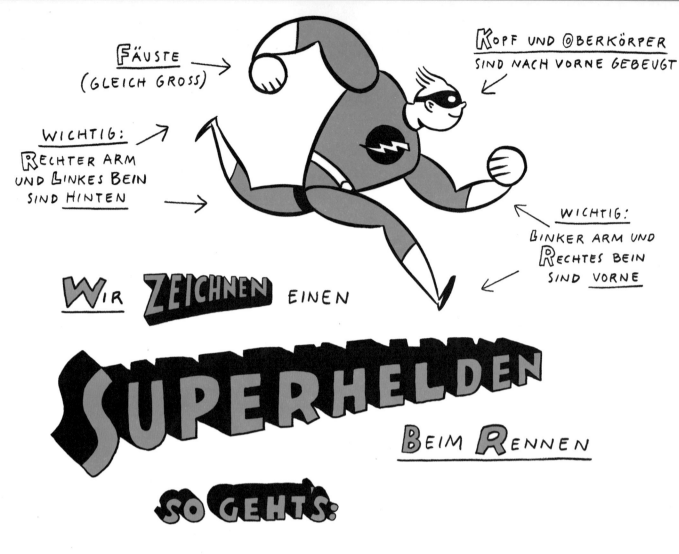

WIR ZEICHNEN EINEN

SUPERHELDEN

BEIM RENNEN

SO GEHTS:

1 EINEN KREIS ALS KOPF

2 EIN DREIECK ALS OBERKÖRPER

3 DIE ARME DAZU

4 LINKES BEIN...

5 RECHTES BEIN...

6 FÄUSTE · HALS · FÜSSE

HALS, FÄUSTE UND FÜSSE HINZUFÜGEN.

7 ZUM SCHLUSS DIE FEINHEITEN: GESICHT, MASKE, HAARE, GÜRTEL, LOGO USW.

HIER IST PLATZ ZUM
ÜBEN

HIER IST PLATZ ZUM
ÜBEN

SUPERHELDEN KÖNNEN SUPERSCHNELL RENNEN!

WEN ODER WAS KANN DEIN SUPERHELD
ALLES ÜBERHOLEN?
HIER KANNST DU ES ZEICHNEN.

SUPERHELDEN SIND SUPERBEWEGLICH!

HIER SPRINGT ER GERADE ÜBER EIN RIESENHINDERNIS. WAS KÖNNTE DAS SEIN?

SUPERHELDEN SIND MEGASTARK!

Was hält er hier fest, bevor es auf den Boden knallt?
Zeichne es und male es farbig aus.

WELCHES TURBOSCHNELLE FAHRZEUG

STOPPT DEIN SUPERHELD MIT SEINER SUPERKRAFT?

WIR ZEICHNEN EINEN SUPER HELDEN,

WIE ER GERADE AUF DICH ZURAST

DIESE FAUST IST GRÖSSER ALS DER KOPF

DER KOPF SITZT OHNE HALS AUF DEN SCHULTERN

DIESE FAUST IST VIEL KLEINER ALS DER KOPF

DER OBERKÖRPER IST DREIECKIG

DIESER FUSS IST GRÖSSER

DIESER FUSS IST KLEINER. ER IST AM WEITESTEN VON DIR ENTFERNT

SO GEHT'S:

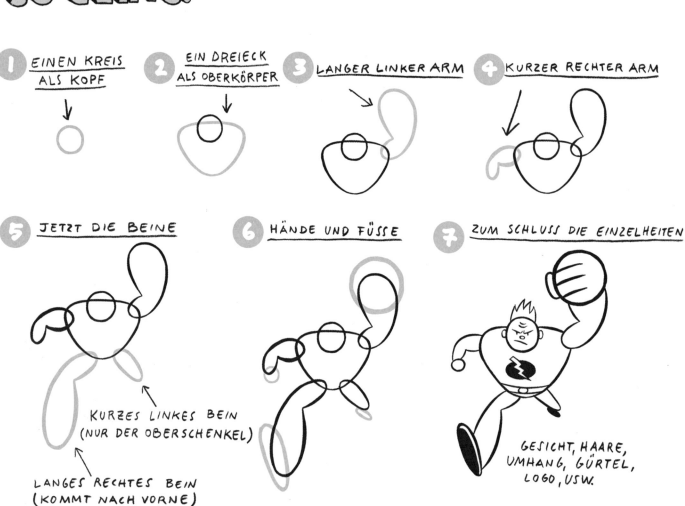

1 EINEN KREIS ALS KOPF

2 EIN DREIECK ALS OBERKÖRPER

3 LANGER LINKER ARM

4 KURZER RECHTER ARM

5 JETZT DIE BEINE

KURZES LINKES BEIN (NUR DER OBERSCHENKEL)

LANGES RECHTES BEIN (KOMMT NACH VORNE)

6 HÄNDE UND FÜSSE

7 ZUM SCHLUSS DIE EINZELHEITEN

GESICHT, HAARE, UMHANG, GÜRTEL, LOGO, USW.

HIER IST PLATZ ZUM ÜBEN

DIESER SUPERHELD IST **SUPERELASTISCH!**

VERBINDE SEINEN **K**OPF, DIE **H**ÄNDE
UND DIE **F**ÜSSE MIT EINEM
SUPERELASTISCHEN KÖRPER.

WIE MAN EINEN UNSICHTBAREN ZEICHNET

BENUTZE GESTRICHELTE LINIEN

VORHER

NACHHER

SO LASSEN SICH AUCH GUT KRAFTFELDER ZEICHNEN

OHNE KRAFTFELD

MIT KRAFTFELD

ZEICHNE EINEN <u>UNSICHTBAREN</u> SUPERHELDEN
IN EINEM <u>KRAFTFELD</u>.

Hier sind
Unsichtbare
Superhelden

AM WERK. ABER <u>WO</u>?

Zeichne sie im kampf mit diesen <u>bösewichten</u>!

WIR ZEICHNEN EINEN SUPER HELDEN,

WIE ER AUF DICH ZUFLIEGT

DIESE FAUST IST IST GRÖSSER ALS ALS DER KOPF

DER OBERKÖRPER IST OVAL

DIESE FAUST IST KLEINER ALS DER KOPF

DIESER OBERSCHENKEL IST KÜRZER

LANGER OBERSCHENKEL MIT KLEINEM FUSS

SO GEHT'S:

1 EINEN KREIS ALS KOPF

2 EIN OVAL ALS OBERKÖRPER

3 JETZT DIE ARME

4 ZWEI UNTERSCHIEDLICH GROSSE KREISE FÜR DIE FÄUSTE

 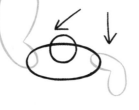

5

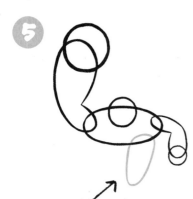

JETZT DER LÄNGERE OBERSCHENKEL

6

DER KÜRZERE OBERSCHENKEL UND DER KLEINE FUSS DAZU

7

ZUM SCHLUSS DIE DETAILS

HIER IST PLATZ ZUM ÜBEN

DIE **SUPERKRAFT** DIESES SUPERHELDEN IST...

FEUER

ZZOORCH!

ER IST EIN MENSCHLICHER FLAMMENWERFER!
ZEICHNE DEN FEUERSTRAHL ZU ENDE!
WAS VERNICHTET ER MIT SEINEN FLAMMEN?

UND AN WAS DENKT DIESER VERRÜCKTE PROFESSOR GERADE?

DIE **SUPERKRAFT** DIESES SUPERHELDEN IST...

EIS

FWOM!

ZEICHNE DIE EISSTRÖME ZU ENDE, DIE AUS SEINEN HÄNDEN FLIESSEN.

ERSTARRT ETWAS ZU EIS? UND WAS PASSIERT DANN? FRIERT JEMAND FEST?
ZEICHNE DAS BILD FERTIG!

HIER FLIEGT EIN **HELD** ÜBER DIE STADT!

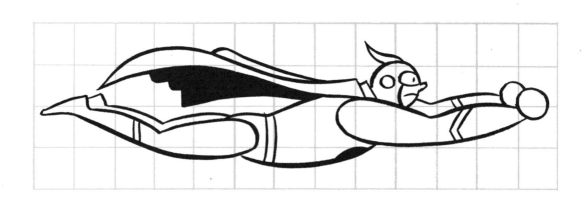

ZEICHNE WEITERE GEBÄUDE
UND WOLKENKRATZER.

ZEICHNE JETZT DEN
FLIEGENDEN SUPERHELDEN

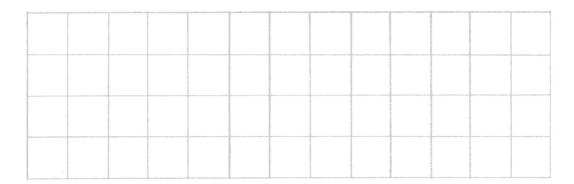

DAS RASTER HILFT DIR DABEI.

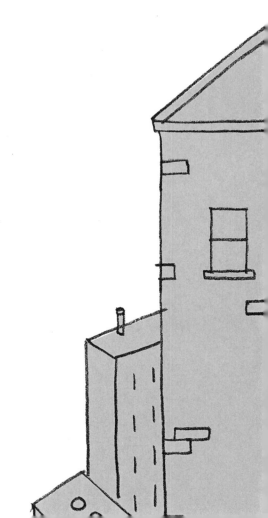

DIE **SUPERKRAFT** DIESES SUPERHELDEN IST...

DER RÖNTGENBLICK

WAS KANN ER IM INNEREN DES GEBÄUDES BEOBACHTEN?

WAS WIRD MIT DIESEM KLEINBUS TRANSPORTIERT? ZEICHNE ES.

ZEICHNE NOCH MEHR <u>WOLKENKRATZER</u> UND MALE SIE KUNTERBUNT AN.

GEHEIME IDENTITÄTEN

WENN DU MAL NICHT SELBST ALS SUPERHELD IM EINSATZ BIST, IST ES ÜBERLEBENSWICHTIG, DASS DU TOP SECRET BLEIBST UND NIEMAND MERKT, WER DU WIRKLICH BIST!

BESTIMMT WEISS NIEMAND, DASS AUCH DEINE GROSSMUTTER EINE SUPERHELDIN IST.

SIE WIRD ZU...

UND EUER HUND
IST AUCH EINER!
ER WIRD ZU...

WAS **KLETTERT** DENN DA DAS GEBÄUDE HOCH?

ZEICHNE DIE SUPERHELDEN,
WIE SIE IHRE SUPERKRÄFTE GEGEN
DEN **RIESEN** EINSETZEN.

ZEICHNE EIN

SUMPF
MONSTER

GIB DER SCHLEIMIGEN KREATUR
EINEN KOPF, EINEN KÖRPER
UND BEINE.

OH JE! AUFGEPASST, HIER KOMMT DER

FIESE CLOWN

ZEICHNE DIESEN BÖSEWICHT, WIE ER JEMANDEM
EINE TEUFLISCHE TORTE INS INS GESICHT WIRFT!

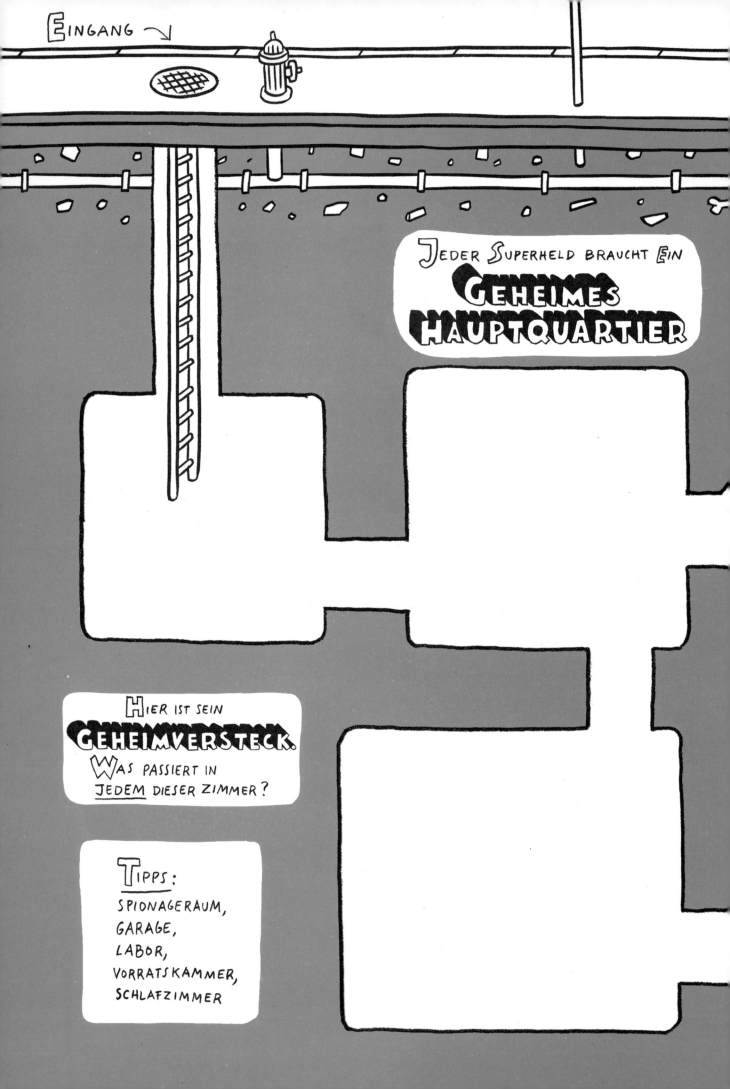

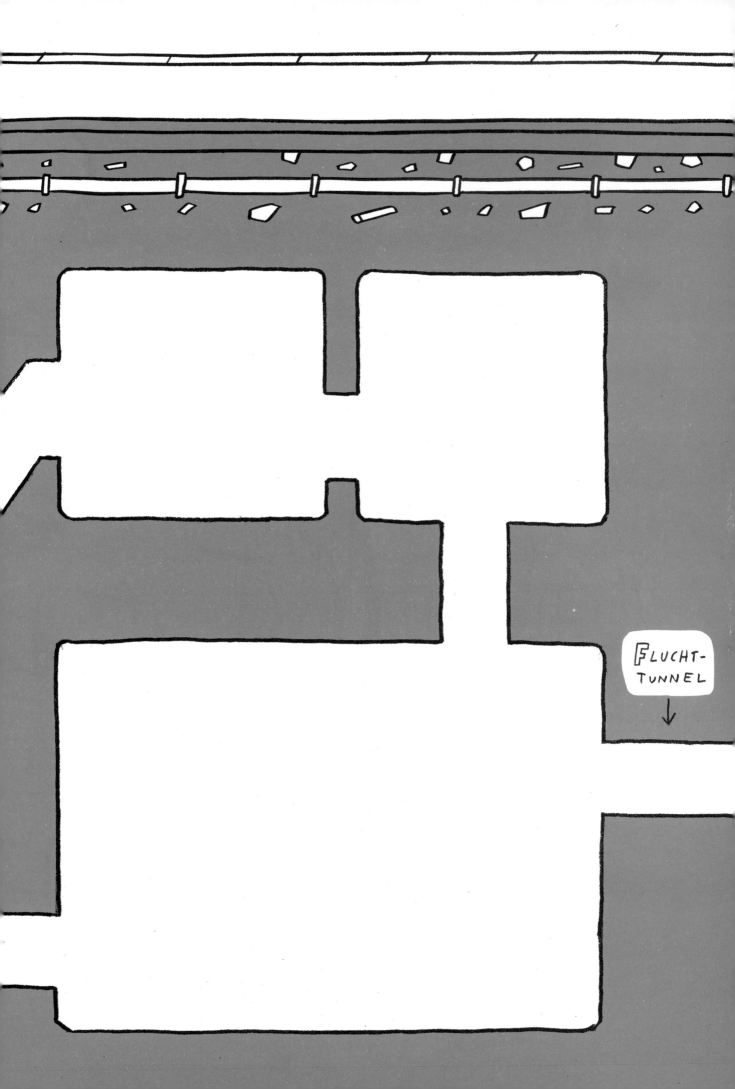

MULTI-FUNKTIONS-GÜRTEL

 **MALE** DIESE _COOLEN_ WERKZEUGE AN.

LÖCHER
IDEAL ZUM VERSCHWINDEN

KRAFTFELD-ANORAK
WEHRT STRAHLEN-ANGRIFFE AB

SCHOCKSPRAY

MACHT BÖSEWICHTE BEWEGUNGSUNFÄHIG!

RAUCHBOMBEN
MIT SOFORTWIRKUNG. FEINDE SIND GESCHOCKT UND VÖLLIG VERWIRRT

ENTERHAKEN
MIT 50 METER SPANNDRAHT

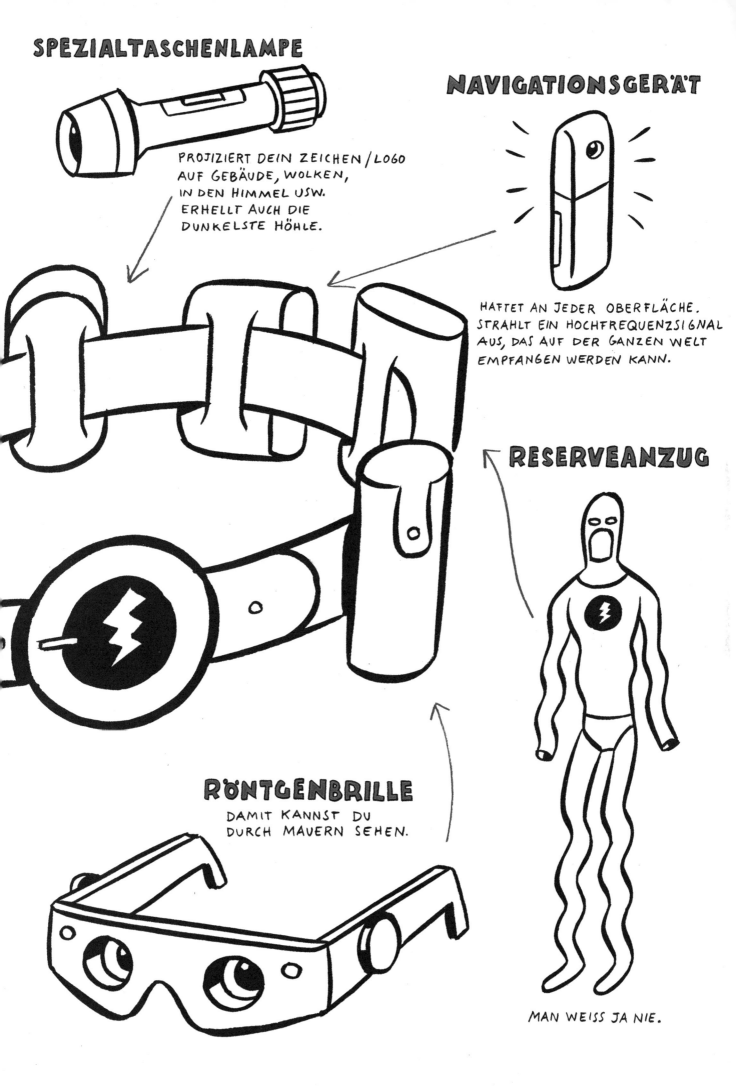

SPEZIALTASCHENLAMPE

PROJIZIERT DEIN ZEICHEN/LOGO
AUF GEBÄUDE, WOLKEN,
IN DEN HIMMEL USW.
ERHELLT AUCH DIE
DUNKELSTE HÖHLE.

NAVIGATIONSGERÄT

HAFTET AN JEDER OBERFLÄCHE.
STRAHLT EIN HOCHFREQUENZSIGNAL
AUS, DAS AUF DER GANZEN WELT
EMPFANGEN WERDEN KANN.

RESERVEANZUG

RÖNTGENBRILLE

DAMIT KANNST DU
DURCH MAUERN SEHEN.

MAN WEISS JA NIE.

MULTI-FUNKTIONS-GÜRTEL
SPEZIALANFERTIGUNG

Wie sieht DEIN Gürtel aus?

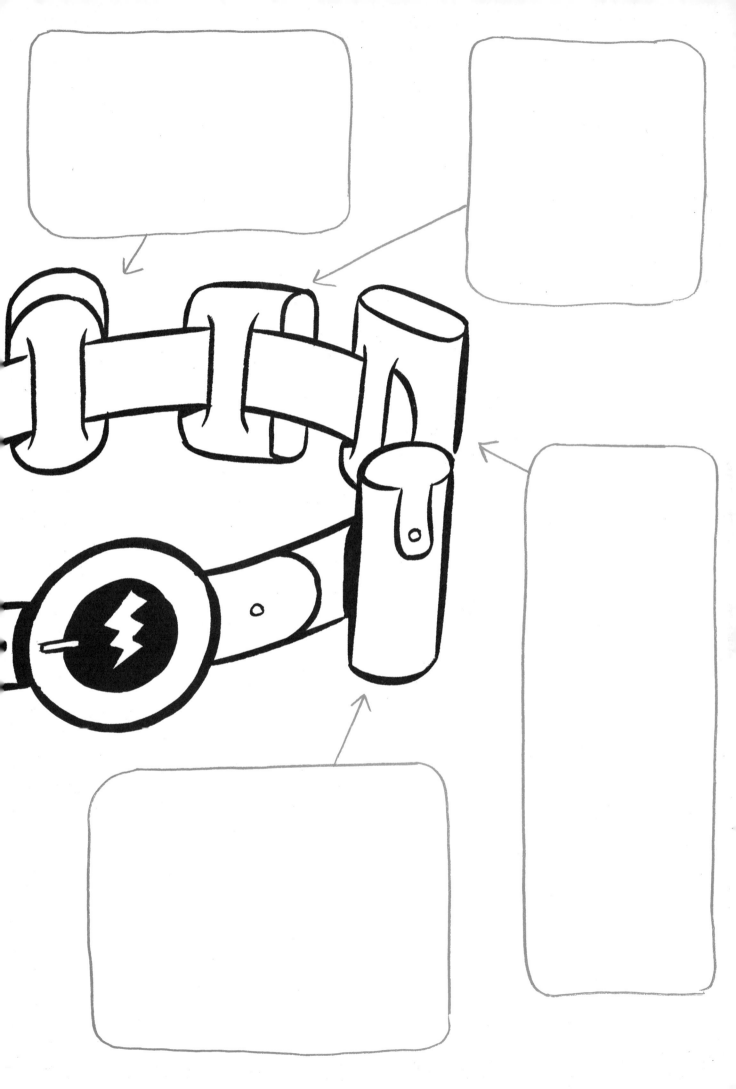

ZEICHNE DIESE WESEN ZU ENDE.
GIB IHNEN KÖPFE, ARME, OBERKÖRPER UND BEINE.
SIND SIE GUT ODER BÖSE?

DIE MENSCHLICHE FLIEGE

HELD JA ☐ NEIN ☐

BÖSEWICHT JA ☐ NEIN ☐

SPEZIELLE FÄHIGKEITEN _ _ _ _ _ _ _ _ _ _ _ _

_ _ _ _ _ _ _ _ _ _ _ _

ROBOMAN

HELD JA ☐ NEIN ☐   SPEZIELLE
                         FÄHIGKEITEN ___ ___ ___ ___ ___
BÖSEWICHT JA ☐ NEIN ☐   ___ ___ ___ ___ ___

WELTRAUM-MONSTER

HELD JA ☐ NEIN ☐   SPEZIELLE
BÖSEWICHT JA ☐ NEIN ☐   FÄHIGKEITEN _ _ _ _ _ _ _
_ _ _ _ _ _ _ _ _ _ _ _

ECHSEN-
Mensch

HELD JA ☐ NEIN ☐   SPEZIELLE
                       FÄHIGKEITEN _ _ _ _ _ _ _ _ _ _ _
BÖSEWICHT JA ☐ NEIN ☐

_ _ _ _ _ _ _ _ _ _ _

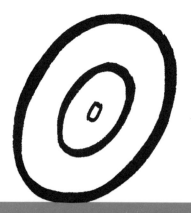

TECHNISCHE DATEN	
Höchst-geschwindigkeit	
Hubraum des Motors	
Brennstofftyp	
Spezialeffekte	

 WEITERE

DIE RÄDER SIND SCHON VORGEZEICHNET.

BAAROOM!

VAROOOM!

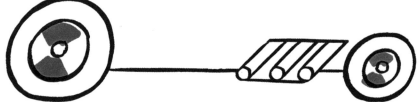

GIB JEDEM FAHRZEUG UNTERSCHIEDLICHE GEHEIMWAFFEN.

VAROOOM!

BAAROOM!

WELCHE GEHEIMEN TECHNISCHEN BESONDERHEITEN SOLL ES HABEN?

VERSENDE GEHEIME BOTSCHAFTEN

AN DEINE SUPERHELDENFREUNDE MIT DIESER <u>GEHEIMCODESCHEIBE</u>

DU BRAUCHST DAZU:  <u>EINE SCHERE</u> <u>EINEN BLEISTIFT</u>

SO GEHT'S:

1. <u>B</u>EIDE SCHEIBEN MIT DER SCHERE VORSICHTIG AUSSCHNEIDEN.

2. MIT DER SPITZE DER SCHERE EIN LOCH IN DIE <u>MITTE</u> DER SCHEIBEN (SCHWARZER PUNKT) BOHREN.

3. DIE KLEINERE SCHEIBE SO AUF DIE GRÖSSERE SCHEIBE LEGEN, DASS DIE LÖCHER <u>GENAU</u> AUFEINANDER LIEGEN.

4. STECKE DEN BLEISTIFT DURCH DIE LÖCHER, DAMIT DU DIE KLEINERE SCHEIBE DREHEN KANNST.

SO WIRD SIE BENUTZT:

1. MACHE EINEN PLAN: AUF WELCHEN BUCHSTABEN DER <u>GRÖSSEREN</u> SCHEIBE SOLL BUCHSTABE ›A‹ DER <u>KLEINEREN</u> SCHEIBE ZEIGEN?

2. WENN DU ZUM BEISPIEL A MIT Q KOMBINIERST, DANN WIRD B ZU R UND C ZU S USW.

3. VERSUCHE MITHILFE DIESES CODES DOCH MAL DIE <u>UNTENSTEHENDE NACHRICHT</u> ZU ENTSCHLÜSSELN...

„JHUVVFKDAJ XG
KC CYJJUHDQSXJ"

<u>JETZT KANN'S LOSGEHEN!</u>

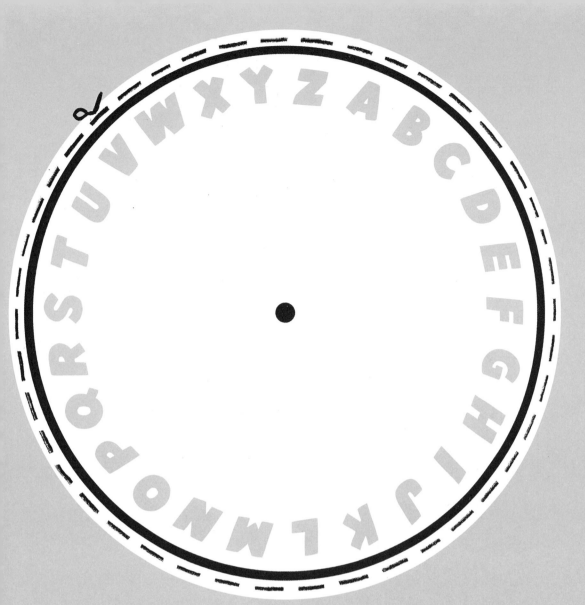

DIESE
SUPER
HELDEN
GEHEIMCODESCHEIBE

GEHÖRT

NAME DES SUPERHELDEN

GEGEN WEN ODER WAS KÄMPFT DER SUPERHELD GERADE?

ZEICHNE SEINEN GEGNER.

ALARM!
DRINGENDE CODENACHRICHT AUF DER
SUPERHELDEN-
SPEZIALUHR!

DEJVQBB!
IKFUHISXKHAU
WHUYVJ QD.
RHQKSXU
XYBVU!

SCHREIBE HIER
DIE ENTSCHLÜSSELTE
NACHRICHT AUF.

BENUTZE DEINE GEHEIMCODESCHEIBE UND KOMBINIERE
DAS „A" (KLEINE SCHEIBE) MIT DEM „Q" (GROSSE SCHEIBE).

VOR WAS **LÄUFT** ER WEG? EINEM UMSTÜRZENDEN GEBÄUDE?
EINER RIESENHAND?
EINEM FLUGROBOTERMONSTER?
EINER GEWALTIGEN EXPLOSION?

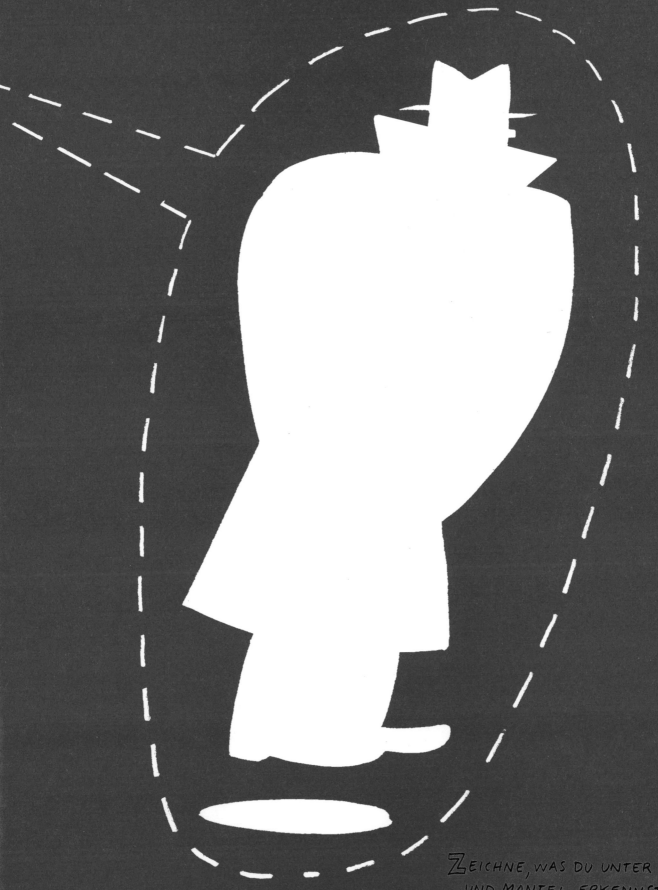

MIT DEINEM **RÖNTGENBLICK**

KANNST DU GENAUER NACHSCHAUEN.

ZEICHNE, WAS DU UNTER HUT
UND MANTEL ERKENNST.

DIESER SUPERHELD KANN DURCH DIE  ZEIT REISEN!

ER IST BIS ZU DEN DINOSAURIERN

ZURÜCKGEREIST!

WIE SIEHT ES DORT AUS?

TIPP: DAS KÖNNTE ES AUCH IN
DER VORZEIT GEGEBEN HABEN...

PTERODACTYLUS

SUMPF

SELTSAME
PFLANZEN

DINOSAURIER

ER KANN ABER AUCH IN DIE **ZUKUNFT** REISEN!

INS JAHR **4013,** UM GENAU ZU SEIN.

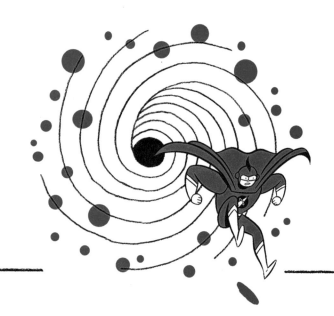

WIE SIEHT ES DORT AUS?

TIPP: DAS KÖNNTE ES DORT GEBEN... WOLKENKRATZER WELTRAUM-FAHRZEUGE AUTOBAHNEN IN DEN HIMMEL ROBOTER

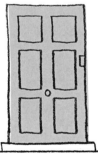

ZEICHNE EIN HAUS FÜR EINEN SUPERBÖSEWICHT

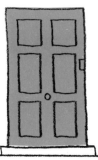

STRAHLEN PISTOLEN

MANCHMAL GIBT ES NICHTS PRAKTISCHERES
ALS EINE STRAHLENPISTOLE,
WENN MAN EINEN FEIND ABKNALLEN,
BETÄUBEN, LÄHMEN ODER
EINDAMPFEN WILL!

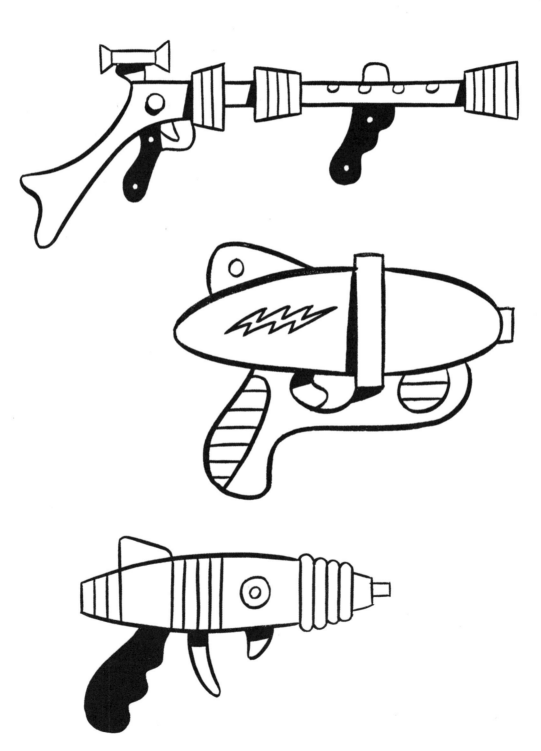

ZEICHNE STRAHLEN, DIE AUS DIESEN PISTOLEN DRINGEN. WELCHE KRÄFTE HABEN SIE?

ZEICHNE WEITERE STRAHLEN PISTOLEN

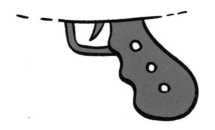

WELCHE KRÄFTE HABEN SIE?

HOCH über der STADT  TOBT der KAMPF

ZWISCHEN **SUPERHELD** **SUPERBÖSEWICHT**

ZEICHNE DEINEN SUPERHELDEN, WIE ER SEINE SUPERKRÄFTE EINSETZT, UM DEN FIESEN SCHURKEN ZU BESIEGEN!

EINE GEHEIME INSEL ALS H.Q.

Was passiert wohl <u>tief</u> in diesem Felsen?
<u>Pssst</u>! <u>Streng geheim</u>!

Zeichne deinen Superhelden
in seiner geheimen Einsatzzentrale
und gib den Räumen Namen.

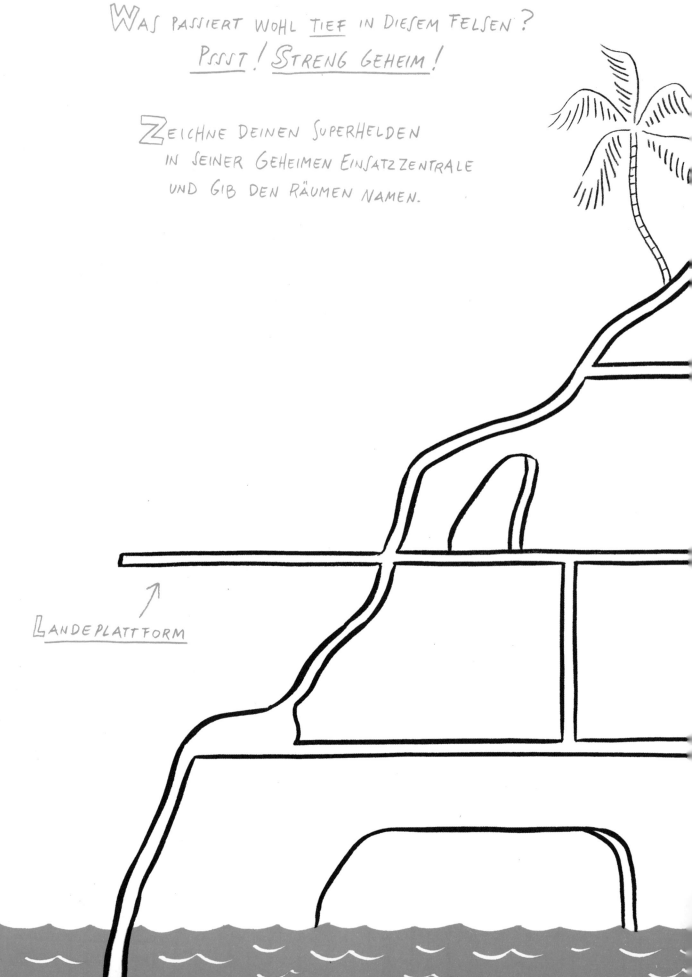

<u>Landeplattform</u>

BE-UND ENTLÜFTUNG
↓

RADAR UND
← GPS-ANTENNE

FLUCHTWEG
↓

 **ZEICHNE** EIN PAAR **MONSTER ROBOTER**

Gib diesem Roboter einen Körper, Arme und einen Kopf. Er walzt in der Stadt alles nieder. Zeichne die zerstörten Gebäude.

ACHTUNG!

HIER GREIFT EIN FLUGROBOTER AN!

ZEICHNE IHM EINEN KÖRPER UND ZEIGE, WIE ER ÜBER DIE STADT FLIEGT.

NATÜRLICH HAT JEDER SUPERHELD AUCH EIN

SUPERMOTORRAD

MALE DIE RENNMASCHINEN AN!

FLAMMENWERFER-
AUSPUFF

ULTRAHAFTREIFEN

KUGELSICHERE
WINDSCHUTZSCHEIBE

LASERPISTOLEN

STROBOSKOP-
SCHEINWERFER

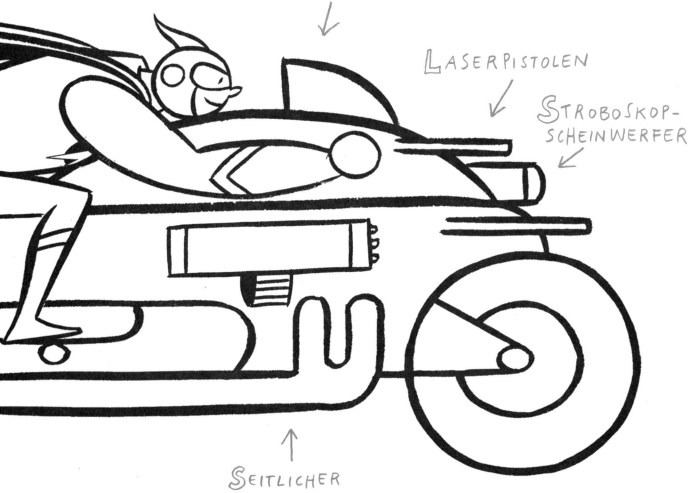

SEITLICHER
RAKETENWERFER

ZEICHNE EIN SUPERMOTORRAD

1 VERSCHIEDEN GROSSE KREISE FÜR DIE RÄDER

2 EIN ABGERUNDETES RECHTECK ALS FAHRGESTELL

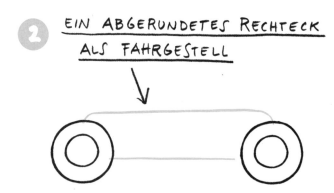

3 BENZINTANK UND WINDSCHUTZSCHEIBE

4 JETZT DER AUSPUFF

5 DANN LASERPISTOLEN, SCHEINWERFER UND WEITERE DETAILS

6 UND ZUM SCHLUSS DEN RAKETENWERFER

KUGELSICHERE
WINDSCHUTZSCHEIBE

LASERPISTOLEN

STROBOSKOP-
SCHEINWERFER

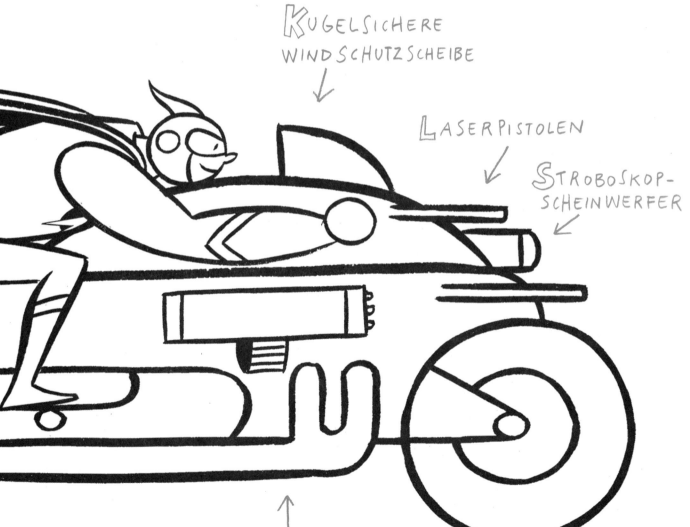

SEITLICHER
RAKETENWERFER

ZEICHNE EIN SUPERMOTORRAD

1 VERSCHIEDEN GROSSE KREISE FÜR DIE RÄDER

2 EIN ABGERUNDETES RECHTECK ALS FAHRGESTELL

3 BENZINTANK UND WINDSCHUTZSCHEIBE

4 JETZT DER AUSPUFF

5 DANN LASERPISTOLEN, SCHEINWERFER UND WEITERE DETAILS

6 UND ZUM SCHLUSS DEN RAKETENWERFER

HIER IST PLATZ ZUM ÜBEN

ZEICHNE NOCH WEITERE **SUPERMOTORRÄDER**

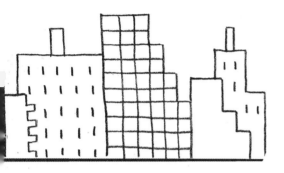

ROOAR!!

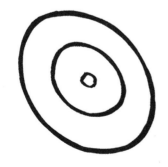

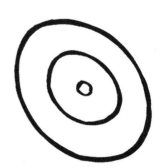

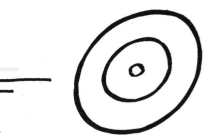
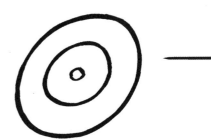

WELCHE HEIMTÜCKISCHEN <u>EXTRAS</u> HAT ES?

ZEICHNE DAS **UNTERWASSER H.Q.** DES SUPERHELDEN AUF DEM MEERESGRUND. WIE KÖNNTE ES AUSSEHEN?

ZEICHNE

EINEN PLAN

DEINER NÄHEREN UMGEBUNG

WENN DU EIN **SUPERHELD** WÄRST, WO WÄRE DEIN GEHEIMES H.Q.? WO WÜRDEST DU DEINE **FEINDE** ANGREIFEN?

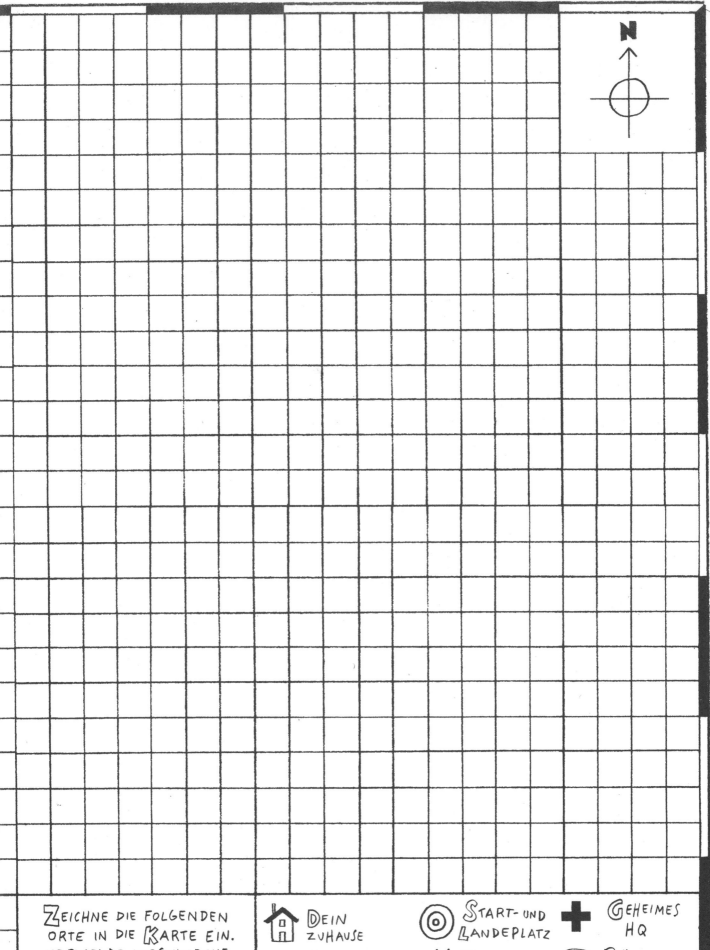

ZEICHNE DIE FOLGENDEN ORTE IN DIE KARTE EIN. VERWENDE VERSCHIEDENE FARBEN

 DEIN ZUHAUSE

 START- UND LANDEPLATZ

 GEHEIMES HQ

 SUPERHELDEN-ATTACKEN

 PORTALE FÜR ZEITREISEN

 BÖSEWICHT-ATTACKEN

DIE ABENTEUER

VON _____ *

IN " DIE WELTVERNICHTUNGS MASCHINE "

* NAME DEINES SUPERHELDEN

ZEICHNE DEINEN EIGENEN COMIC! ORIENTIERE DICH FÜR DIE HANDLUNG AN DEN BILDUNTER- UND ÜBERSCHRIFTEN!

MEIN SUPERHELD FLIEGT ÜBER DIE STADT.

PLÖTZLICH SCHIESST EIN SELTSAMER STRAHL VOM HIMMEL HERAB!

ER UMHÜLLT DIE STADT MIT EIS!

WO KOMMT DER ENERGIESTRAHL HER?

VON EINEM RÄTSELHAFTEN RAUMSCHIFF ÜBER DER ERDE!

AN BORD DES RAUMSCHIFFS IST EINE...
WELTVERNICHTUNGSMASCHINE

UND DER VERRÜCKTE PROFESSOR!

ER GIBT SEINEM ROBOTERMONSTER
DEN BEFEHL ZUM ANGRIFF.

UNSER HELD IST IN DER MONSTERKLAVE
DES ROBOTERS GEFANGEN!

...ABER ES GELINGT
IHM, SEINE SUPERUHR
ZU AKTIVIEREN.

DIE UHR SENDET EIN SIGNAL AUS, DURCH DAS MEIN HELD DIE KONTROLLE
ÜBER DEN ROBOTER ÜBERNEHMEN KANN.

DER ROBOTER ZERSTÖRT MIT EINER GEWALTIGEN EXPLOSION DIE WELTVERNICHTUNGSMASCHINE!

DER ROBOTER ZERSTÖRT MIT EINER GEWALTIGEN EXPLOSION DIE WELTVERNICHTUNGSMASCHINE!

MEIN HELD NIMMT DEN VERRÜCKTEN PROFESSOR GEFANGEN...

... UND RETTET DIE WELT WELT!

ENDE

DAS GEHEIMVERSTECK DES SUPERBÖSEWICHTS WURDE ENTDECKT.

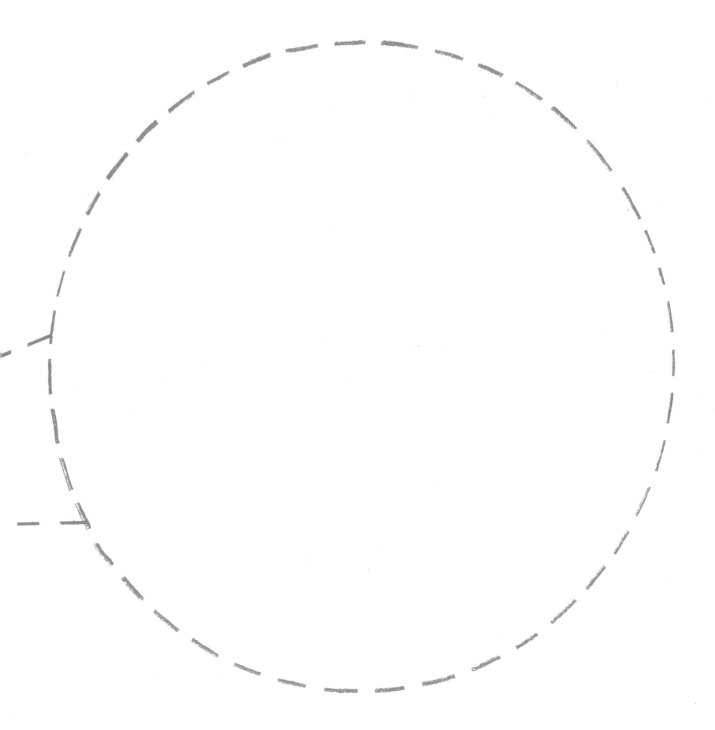

WAS KANN DER SUPERHELD
DURCH DAS SCHLÜSSELLOCH ERKENNEN?

ZEICHNE DEINE
SUPERHELDEN-HANDSCHUHE

1 LEGE DEINE HÄNDE AUF DIE VORGEZEICHNETEN HANDGELENKE UND ZEICHNE DIE UMRISSE AB.

2 JETZT ZEICHNE DIE GEHEIMWAFFEN, DIE IN DEN HANDSCHUHEN VERSTECKT SIND.

LINKS

ZEICHNE EINE SUPERHELDENFLUGMASCHINE

MIT DER DEIN HELD ÜBER DEN HIMMEL BRAUST.

FÜLLE DIE TABELLE AUS

TECHNISCHE DATEN	
HÖCHSTGESCHWINDIGKEIT	
HUBRAUM DES MOTORS	
BRENNSTOFFTYP	
SPEZIAL-EFFEKTE	

Hier ist das

Superhelden-Flugmaschinen-Cockpit

Zeichne das Armaturenbrett zu Ende, indem du Steuerknöpfe und Messanzeigen hinzufügst.

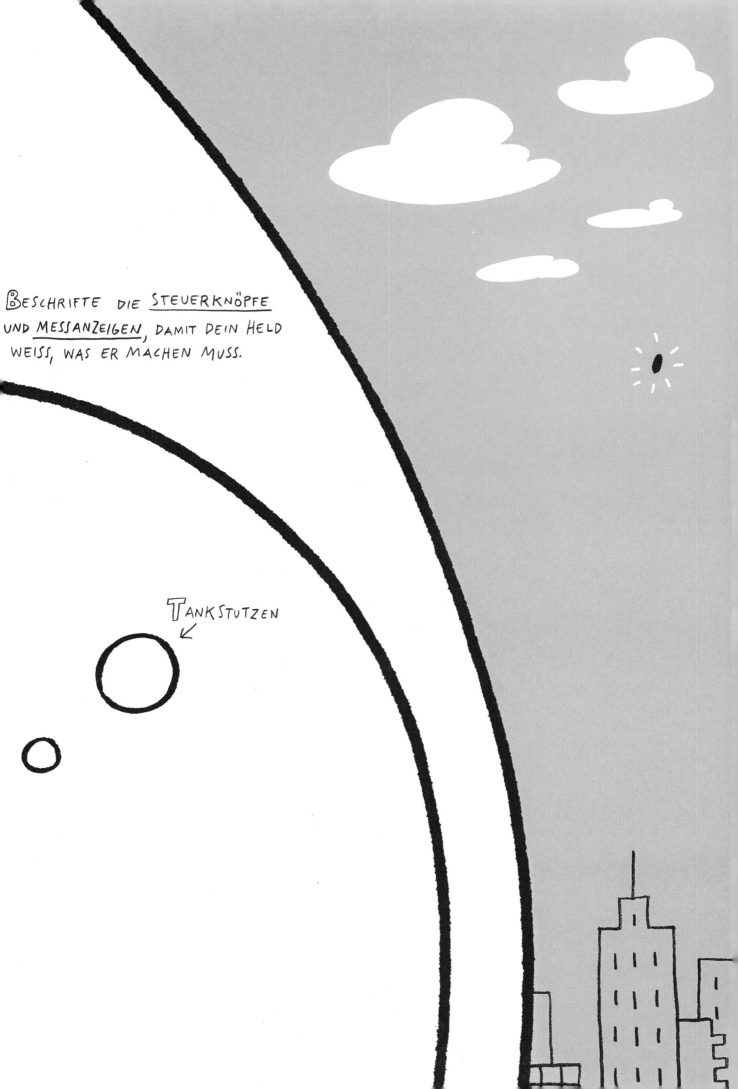

BESCHRIFTE DIE <u>STEUERKNÖPFE</u>
UND <u>MESSANZEIGEN</u>, DAMIT DEIN HELD
WEISS, WAS ER MACHEN MUSS.

TANKSTUTZEN

WER IST DIESER  IM COCKPIT?
ZEICHNE EIN RAUMSCHIFF FÜR IHN.

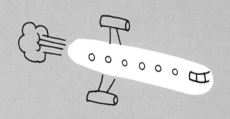

ZEICHNE WEITERE **FLUGMASCHINEN**

NUTZE DIE UMRISSE, UM NOCH EIN **SUPERHELDEN**-RAUMSCHIFF ZU ZEICHNEN.

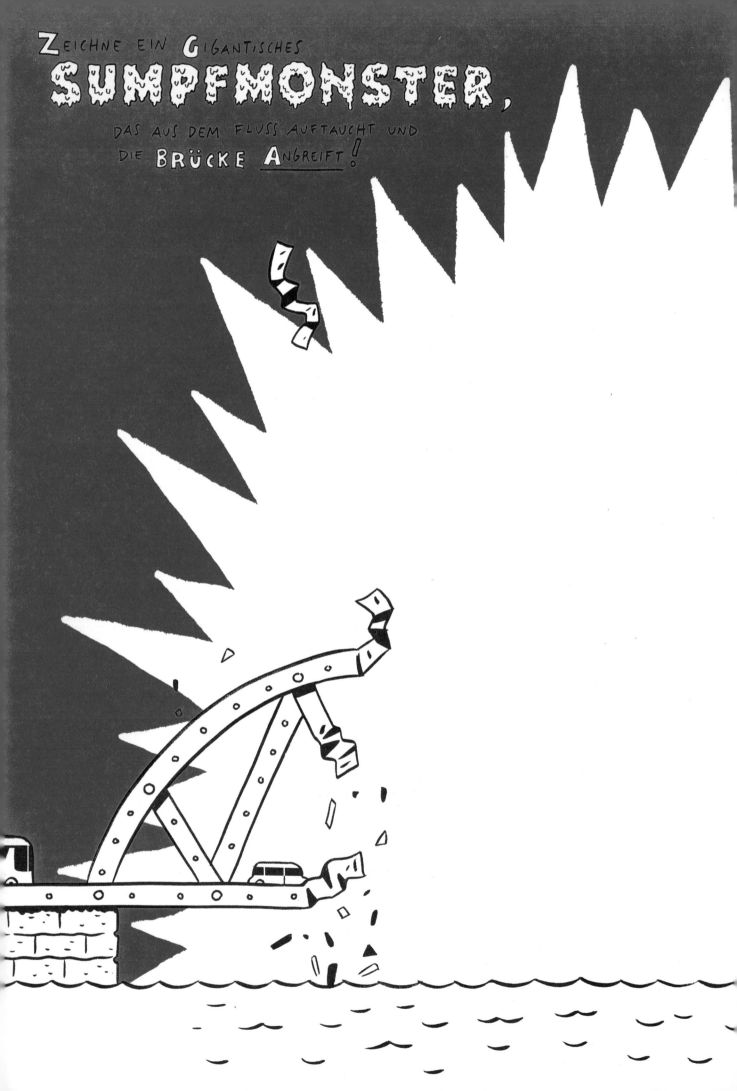

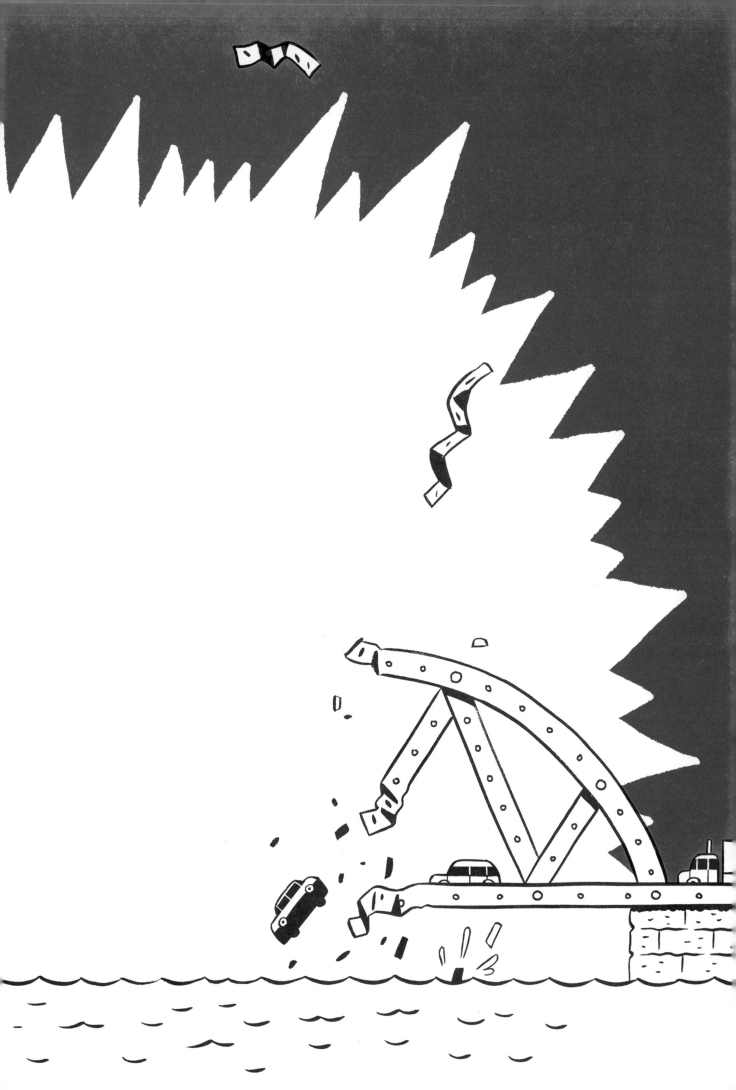

ALLE SUPERHELDEN HABEN SICH IN DER

SUPERHELDEN WELTZENTRALE

VERSAMMELT, EINER RAUMSTATION, DIE ÜBER DER <u>ERDE</u> SCHWEBT.

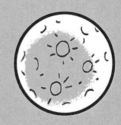

ZEICHNE EINE COOLE
WELTRAUMBASIS.

SUPERHELDEN WELTZENTRALE

VERHALTENSREGELN

ICH _____

Schwöre hiermit unerschütterlichen Gehorsam
zu den Verhaltensregeln, die für
alle Superhelden Gesetz sind...

✳ Missetaten und Ungerechtigkeiten zu
bekämpfen, wo immer sie auch drohen.

✳ Bösewichte aufzuspüren und
unerbittlich zu bekämpfen.

✳ Stets Mutig, Gradlinig und Gerecht zu bleiben.

✳ Immer Wachsam, Ehrlich und Fair zu sein.

UNTERSCHRIFT _____ DATUM _____

WAS IST DENN DAS? NOCH EINE VERSCHLÜSSELTE CODENACHRICHT AUF DER

SUPERHELDEN
SUPERUHR!

PRMBOEBIABK-
TBIQWBKQOXIB TFOA
SLK XIFBKP XKDBDOFCCBK

NOTIERE HIER
DIE ENTSCHLÜSSELTE NACHRICHT.

BENUTZE DEINE GEHEIMCODESCHEIBE MIT EINEM NEUEN CODESYSTEM...

A (KLEINERE SCHEIBE) = X (GRÖSSERE SCHEIBE)

DANKSAGUNG

MEHALA FÜR IHRE LIEBE UND UNTERSTÜTZUNG

LAURENCE KING
ANGUS HYLAND
DONALD DINWIDDIE
JASON GODFREY
JO LIGHTFOOT
SRIJANA GURUNG
JENNY JACOBY
ANA GRAVE
TOM GAULD
DAN ADAMS
IAN WRIGHT
HAMISH & ALEXANDER

HERZLICHEN DANK FÜR IHRE UNTERSTÜTZUNG
UND ENGAGIERTE ARBEIT AUCH AN

DARREL, HELEN, AMANDA,
CHLOE & JENNY

WWW. HEARTAGENCY.COM